W0378785

Inhaltsverzeichnis

Der Rettungswolf ... 5
Fragen zur Geschichte • Wortknobelei • Kreatives Schreiben 13
Wissenswertes über Wölfe ... 16

Gekämpft wie ein Löwe ... 21
Fragen zur Geschichte • Wortknobelei • Kreatives Schreiben 28
Wissenswertes über Hunde ... 31

Schwanenkampf ... bis einer blutet ... 35
Fragen zur Geschichte • Wortknobelei • Kreatives Schreiben 41
Wissenswertes über Schwäne ... 44

Hasenheld ... 47
Fragen zur Geschichte • Wortknobelei • Kreatives Schreiben 55
Wissenswertes über Hasen ... 58

Meeresperlen ... 63
Fragen zur Geschichte • Wortknobelei • Kreatives Schreiben 71
Wissenswertes über Delfine ... 74

Manege frei für Mr Cool 79

Fragen zur Geschichte • Wortknobelei • Kreatives Schreiben 90

Wissenswertes übers Reiten 93

Mit Luke durchs Feuer 99

Fragen zur Geschichte • Wortknobelei • Kreatives Schreiben 106

Wissenswertes über die Feuerwehr 109

Lösungen 114

Der Rettungswolf

Hast du schon einmal etwas von einem Rettungswolf gehört? Nein? ... Das kann ich gut verstehen. Man kennt Rettungshunde: dicke Bernhardiner mit einem Fässchen um den Hals. Im Fernsehen sieht man Spürhunde, die in zerstörten Häusern nach Überlebenden suchen. Aber einen Rettungswolf, den habe nur ich kennengelernt, da bin ich mir ganz sicher.

Ich heiße Jola und ich mag ganz besonders ... Wölfe. Das findet ihr vielleicht merkwürdig, denn alle, die ich kenne, haben Angst vor ihnen. Ich nicht und bestimmt versteht ihr mich besser, wenn ihr etwas über mein ganz besonderes Erlebnis mit einem Wolf erfahrt.
Es war schon immer so, soweit ich mich zurückerinnern kann. Waschbären, Wildkaninchen, Hängebauchschweine und Biber finden alle süß. Am Gehege der Wölfe beschleichen uns aber unheimliche Gefühle. Das gilt für alle, fast alle. Für mich gilt das

nicht. Schon als kleines Kind stand ich am längsten vor dem Zaun, hinter dem die Wölfe waren.
„Jola! Komm endlich!“, rief mich mein Vater, wenn ich mich nicht von ihnen lösen konnte. Die Familie wollte weiter. Kein Wunder, denn meine Eltern und Geschwister sahen nicht das, was ich sah.
Wölfe sind scheu, sie halten Abstand, sind schwer zu erkennen. Doch ich sah sie, spürte ihre Anwesenheit. Funkelten dort hinten im Dickicht nicht zwei durchdringende Augen?
Wölfe sind schlau. Erst wenn die anderen weitergingen, kamen sie näher. Ich glaube, sie spürten, dass ich sie mag. Und das waren die schönsten Momente. Angst? Fehlanzeige! Ich stand weit ab von den übrigen Tierparkbesuchern und die Wölfe waren bei mir. Meine Wölfe waren ganz in meiner Nähe.
Und so war es auch an diesem besonderen Tag im Herbst. Klassenreise in den Harz, das klang nicht

gerade nach Hochspannung. Aber es sollte anders kommen. Am zweiten Tag stand eine ausgiebige Wanderung auf dem Programm. Nach dem Mittagessen ging es los. Könnt ihr euch vorstellen, welche Lust die Klasse darauf hatte?! Ich denke, ihr könnt. Mit Verzögerung ging es tief in den Wald und tiefer und tiefer. Unser Klassenlehrer, Herr Lups, hatte gute Laune, er war ein echter Wandervogel. Mit großen Schritten ging er voraus und pfiff irgendwelche Wanderlieder. Und er ließ sich seine Laune auch nicht verderben, bis das erste Unglück passierte. Wie aus heiterem Himmel prasselte Regen auf uns herab. Und ... wie heißt es so schön: Ein Unglück kommt selten allein. Frau Jansen, unsere Musiklehrerin, die das Schlusslicht der Gruppe bildete, knickte um. Wir standen um sie herum und konnten zusehen, wie ihr Knöchel auf die Größe eines Straußeneies anschwoll. Was war zu tun? Wie immer hatte Herr Lups die Lösung. Er holte sein Handy aus der Tasche und wählte eine Nummer. Mithilfe der Wanderschilder lotste er einen Jeep zu uns, dem der Herbergsvater entstieg. Wir freuten uns über die unverhoffte Pause, an die sich auch der Regen hielt, und machten uns über unsere Verpflegung her. Frau Jansen verabschiedete sich von uns und für mich sah

es so aus, als ob es in ihren Augen glitzerte – vor Enttäuschung oder Schmerz. Herr Lups aber, ein Mann der Tat, hielt eine kurze Ansprache:
„So ... nun heißt es: zusammenhalten und alleine klarkommen. Isabel, du bist Klassensprecherin. Übernimm bitte Frau Jansens Rolle. Ich bin vorne und führe euch jetzt zur Jugendherberge zurück."
Das Gemaule „Ich kann nicht mehr", „Können wir nicht ein Taxi ..." und so weiter überging er einfach und es ging los. Herr Lups legte ein strammes Tempo vor. Anfangs konnte ich noch mithalten, doch nach und nach rutschte ich ans Ende unserer Wandergruppe. Ich hatte mehr und mehr Mühe, Schritt zu halten, und ehe ich mich versah, hatte ich den Anschluss verloren.
Isabel? Was war mit ihr? Sie achtete nicht auf mich, sondern redete pausenlos mit ihrer besten Freundin. Nicht ein Mal drehte sie sich um. Hatte sie mich und ihren Job vergessen? Ich sah die beiden noch auf der Anhöhe. Als ich diese erreicht hatte, waren sie von der Bildfläche verschwunden. Ich war mutterseelenallein. Was sollte ich tun? Um Hilfe rufen? Niemals! Ich würde sie bestimmt einholen. Und was wäre das für ein Fest für alle Lästermäuler, wenn ich wie ein Baby ... gar nicht auszudenken.

Doch ich hatte mich getäuscht. Wäre ich nur näher drangeblieben. Hätte ich die Abzweigung nach links genommen. Hätte, wäre ... es war zu spät. Dunkelheit legte sich über den Waldweg und über mich. Tränen schossen mir in die Augen und Gedanken in den Kopf, die nur von einem bestimmt waren: Angst, Angst um mein Leben. Mein Mut war schneller verflogen als das Tageslicht. „Hilfe! Hilfe!“, schrie ich in den grau-schwarzen Abend hinaus, ohne Reaktion. Nichts ... Stille ... aber halt! Das war doch ein Knacken ... wie von einem Ast, der vom Gewicht eines Fußes ... War da jemand? Und wenn ja ... Wer war da??? Ich schaute in die Richtung, aus der das Geräusch gekommen war. Da leuchtete etwas auf ... ein Glitzern ... ein Augenpaar ... und ein lang gezogenes Heulen. Das war doch nicht etwa ...?

Was jeden anderen in Panik versetzt hätte, ließ mich aufatmen. Ich war wieder das kleine Mädchen, das zu seinem Lieblingstier herüberblickte. Schemenhaft erkannte ich

die Umrisse. Kein Zweifel, das musste ein Wolf sein, das war ein Wolf. Er heulte auf und setzte sich in Bewegung. Ich war zuerst wie gelähmt. Was sollte ich tun? Konnte ich es wirklich riskieren, in seiner Nähe zu sein?!
Ich hatte wohl zu lange gezögert. Das glitzernde Augenpaar, die Umrisse seiner Gestalt ... der Wolf kam zurück. Wieder ein Heulen und wieder schlug er eine bestimmte Richtung ein. Das war eine Aufforderung, was sonst.
Ich glaube, keiner hat mir die Geschichte so richtig geglaubt und viele haben mich für verrückt erklärt. Und es ist ja wirklich verrückt. Aber ihr könnt mir glauben: Ich folgte dem Tier und es wurde zu meinem Rettungswolf. Mein Vertrauen zahlte sich aus. Mit letzter Kraft schleppte ich mich vorwärts, bis ich einen Lichtschein sah. Mein Rettungswolf und ich waren in der Nähe eines Hauses angekommen. Ein Haus, Menschen, die Rettung. Zum Abschied heulte mein Retter noch einmal auf und verschwand in der Nacht. Der Förster war sehr überrascht über den späten Besuch. Noch überraschender fand er meine Story. Denn sicher glaubt er nicht, was ich glaube: Wölfe sind die Freunde des Menschen.

Fragen zur Geschichte

Versuche die folgenden Fragen zu beantworten. Wenn du die richtigen Antwortbuchstaben auf einem Blatt notierst, bekommst du das Lösungswort.

1. Das Wort „Rettungswolf“ besteht aus zwei Teilen, die sich beißen. Was passt nicht so richtig?

A Der letzte Rettungswolf der bayerischen Rettungsstaffel ist 2010 in Rente gegangen. Es gibt also gar keine Rettungswölfe mehr.

W Bei einem Wolf denken die meisten Menschen nicht an Rettung, sondern an Gefahr.

D Einen Rettungswolf gibt es nur im Märchen „Rotkäppchen“, sonst nicht.

K Wölfe retten nicht, nein, sie lassen sich gerne retten und liegen dann ganz gechillt im Rettungswagen.

---

2. Warum hat der Autor dem Klassenlehrer wohl den Namen „Lups“ gegeben?

O Lups ist eine Kurzform von Lupus. Lupus kommt aus dem Lateinischen und heißt Wolf. Deshalb passt dieser Name gut zur Geschichte.

M Kalle Herges hatte früher selbst einmal einen Klassenlehrer namens Lothar, genannt Lollo Lups.

E Es handelt sich um einen Tippfehler. Der Lehrer heißt eigentlich Ups.

T In Norddeutschland gibt es die Redensart „Ups, ein Lups“, wenn jemand anderen Menschen Angst machen will, dabei aber lächerlich wirkt.

---

3. Es glitzert in Frau Jansens Augen. Warum?

H Im Wald wachsen wilde Zwiebeln, die ihr die Tränen in die Augen treiben.

I Sie ist heimlich in Herrn Lups verliebt, doch der beachtet sie nicht.

C Der Herbergsvater fährt ihr mit dem Jeep über den Fuß.

L Sie hat Schmerzen und ist enttäuscht, weil für sie die Wanderung zu Ende ist.

---

4. Wem gehört das funkelnde Augenpaar, das für Jola die Rettung bedeutet?

Z der Klassensprecherin Isabel

B dem guten Waldgeist

F einem Wolf

X Herrn Lups

Das Lösungswort findest du auf Seite 115.

Wortknobelei

Welche Wörter gibt es wirklich? Schau im Duden oder in einem Online-Wörterbuch nach, wenn du dir nicht sicher bist. Kombiniere die Buchstaben, die bei den richtigen Begriffen in Klammern stehen, und schon hast du das Lösungswort.

-insel (S)
-weste (U)
-windel (A)

-ring (L)

RETTUNGS

-floh (Q)

-staffel (U)
-bär (B)
-sanitäter (P)

Die Lösung findest du auf Seite 115.

Lösungshilfe:

Die Lösung ist das lateinische Wort für Wolf.

Kreatives Schreiben

Stell dir vor, du bist ein Wolf, vielleicht sogar der Rettungswolf aus der Geschichte. Was möchtest du Jola sagen? Schreibe in der Ich-Form.

Wenn du Lust dazu hast, dann sende deinen Text an das Autorenpaar Kalle und Nicki Herges,
E-Mail: hergeshamburg-stories@web.de
Du erhältst auf jeden Fall eine Antwort. Viel Spaß!

Wissenswertes über Wölfe

Bist du ein Leitwolf oder heulst du mit den Wölfen? Kommst du gar aus Wolfsburg und heißt dazu noch Wolfgang?
Wohl eher nicht, aber wie auch immer:
Der Wolf ist ein faszinierendes Tier. Er gilt als Stammvater aller Hunderassen. Wir begegnen ihm in Redensarten, in Märchen – „Die sieben Geißlein“ und „Rotkäppchen“ lassen grüßen –, in Fabeln oder neuerdings tatsächlich auch in freier Wildbahn. Da kann es nicht schaden, das ein oder andere über ihn zu wissen. Hier nun also ein paar kurze Informationen, damit du den Wolf im Schafspelz enttarnen kannst:
Lange Zeit wurde der Wolf (Canis lupus) gejagt und galt in Europa fast schon als ausgestorben. Doch in den letzten Jahren hat sich das geändert. Mittlerweile geht man davon aus, dass bis zu 18 000 Wölfe in europäischen

Wäldern und Graslandschaften leben. In Deutschland findet man sie hauptsächlich in Brandenburg, Sachsen, Thüringen und Bayern. Wölfe sind aber zum Beispiel auch schon in Niedersachsen gesichtet worden. In Russland, der Mongolei und Nordamerika kommen sie am häufigsten vor. Dort haben sie den nötigen Platz und ein gutes Nahrungsangebot. Dieses beeindruckende Raubtier ernährt sich hauptsächlich von kleinen und größeren Wildtieren, von Mäusen, Kaninchen oder auch Rehen. Der Wolf braucht täglich etwa 3 Kilogramm Fleisch, und da ist natürlich nicht so ganz einfach heranzukommen. Menschen stehen nicht auf seiner Speisekarte, so etwas gibt es nur im Märchen. Wölfe gehen uns Menschen lieber aus dem Weg, denn wir sind

gefährlich für sie, nicht sie für uns. Sie wittern, riechen uns also schon, wenn wir noch kilometerweit weg sind, und fliehen dann in der Regel. Nur kranke Wölfe oder die, die von Menschen angefüttert wurden, trauen sich in unsere Nähe. Die allermeisten wollen jedoch nichts mit uns zu tun haben.
Es gibt aber eine interessante Gemeinsamkeit. Genau wie wir leben sie in Familien, den sogenannten Rudeln. Dort halten die Wölfe fest zusammen. Schwache oder alte Rudeltiere werden mit den Resten der Jagdbeute versorgt. Ihnen wird sogar, wenn nötig, das Fressen vorgekaut. Einzelgänger gibt es sehr selten, sie haben es auch recht schwer zu überleben.
Und es gibt noch etwas, was an die Menschen erinnert und dir aus deiner Schulklasse vielleicht bekannt vorkommt. Es gibt Chefs – die Leitwölfe – und Mitläufer. Zudem findet man am Ende der

Rangordnung Tiere, die von den anderen herumgeschubst werden. Das sollte es in deiner Klasse selbstverständlich nicht geben.
Bei weiteren Vergleichen mit dem Wolf wird schnell klar, dass wir ihm in vielen Punkten nicht das Wasser reichen können. Am Tag sehen wir besser als der Wolf, in der Dämmerung und in der Nacht ist es umgekehrt. Weit überlegen ist er uns, wenn es ums Hören und Riechen geht. Seine Spitzengeschwindigkeit liegt bei 45 bis 50 Kilometern pro Stunde und seine täglichen Streifzüge sind im Schnitt 45 Kilometer lang. Ein begnadeter Sänger ist er jedoch nicht, er würde es nie in den Recall schaffen.

Sein Heulen soll andere warnen, nicht näher zu kommen, ist ein Signal zum Aufbruch zur Jagd oder ein Rufen nach den Tieren des eigenen Rudels. Den Mond heulen Wölfe nur in Western- und Vampirfilmen an, in Wirklichkeit tun sie dies nicht.

Gekämpft wie ein Löwe

Mattis war zufrieden – zufrieden mit sich, der Welt und seinem Hund, einem jungen schwarzen Labrador. Sie wollten hinaus zum Strand. Nur wenige Meter aus dem Haus, dann über den Deich und es wäre geschafft. Niemand durfte sie hören, niemand sehen. Ein mieser Typ, ein Kinderschreck, trieb sich in der Gegend herum. Kein Wunder, dass Ma Mattis verboten hatte, alleine an den Strand zu gehen. Aber er war doch schon zehn und er war nicht allein. Um ehrlich zu sein, war Black eher ein Kuschelhund als eine Waffe. Aber er war ein Hund und er war da.

Es war noch früh, sehr früh. Sein Bruder Jannis hatte sich nur kurz gerekelt, als Mattis aufgestanden war. Gemerkt hatte er sicher nichts, so wie seine Ma, die nichtsahnend im Zimmer nebenan schlief. Black, der sonst aufgeregt hin und her sprang und fordernd bellte, schien zu wissen, was gespielt wurde. Geradezu behutsam schlich er mit Mattis aus dem Ferienhaus. Glücklich draußen ging es mit weiten Schritten über den Deich. Vor ihnen lag das glitzernde Band der Nordsee, die von der aufgehenden Sonne geweckt wurde. Herrlich, so hatte Mattis sich das vorgestellt. Er genoss diese Momente, nur er, allein mit der See, der rot glühenden Sonne und seinem

Black. Dem ging es auch so. Er rannte, nein, er überschlug sich fast. Der Sand spritzte unter seinen Pfoten auf und mit einem Riesensatz war er in seinem Element: im Wasser. Black war kein Hund wie jeder andere. Man hätte fast denken können, einer seiner Vorfahren wäre Seehund gewesen. Mattis nahm ein Stück Treibholz auf und pfiff durch die Zähne. Das war das Zeichen für Black. Er paddelte wie ein Wilder und schoss seinem Herrchen entgegen. Mattis holte aus, ein weiter Wurf und: platsch! Und wieder: platsch! Black hatte im Sprint gewendet und sich zurück in die Wellen gestürzt. Kurz darauf kam er triumphierend mit seiner Beute zurück und legte sie vor Mattis' Füße. Wieder ein weiter Wurf, wieder und wieder. So ging es, bis Mattis auf die Uhr schaute. Ups, es war höchste Zeit. Wenn ihr Ausflug unbemerkt bleiben sollte, dann mussten sie sofort zurück. Black war noch in den Fluten. Mattis drehte sich zu ihm, setzte zu einem Pfiff an ... kam jedoch nicht dazu. Was? Was passierte

jetzt? Sand spritzte hinter Mattis auf, ein riesiger Schatten breitete sich aus, ein gewaltiges Knurren ... Was um alles in der Welt war das? Mattis wagte kaum zu atmen. Musste er nun für seinen Leichtsinn büßen? War das der Kinderschreck?
Um das herauszubekommen, musste er sich umdrehen. Mattis tat das ... in Zeitlupe ... nur keine falsche Bewegung machen. Vielleicht war das ja alles nicht wirklich. Vielleicht träumte er ja nur? Quatsch! Ein wiederholtes Knurren ließ keinen Zweifel daran: Mattis hatte eine Art Monster im Nacken. Eine letzte Drehung seines Kopfes und schon stand er ihm Auge in Auge gegenüber. Nein, das war kein Mensch, das war kein Hund ... oder doch? Mattis traute sich kaum, den Blick auf das Monster zu richten. Es war eine riesige Dogge von der Größe eines Ponys! Und dieses Pony, sorry, dieser gewaltige Hund, knurrte, fletschte die Zähne und bereitete sich darauf vor, Mattis anzuspringen und ihn mit einem Happs zu verschlingen. Mattis

rechnete mit dem Schlimmsten und das schien sich zu bestätigen. Vor ihm ein mörderisches Knurren und hinter ihm knirschender Sand und noch ein Knurren wie von einem Höllenhund. Hatten sie ihn in die Zange genommen? War das sein Ende?
Erst als eine schwarze Hundekugel an die Kehle des Monsters flog, begriff Mattis. Das war Black. War das die Rettung? Der Monsterhund schüttelte Black problemlos ab und fing an auszuteilen. Das war nicht Blacks Gewichtsklasse, das konnte nicht gut gehen. Schon jaulte er auf, doch er wollte nicht aufgeben.

So hatte Mattis seinen Black noch nie gesehen. Er kämpfte wie um sein Leben. Der Riese schnappte nach ihm, aber Black war enorm wendig und blitzschnell. Mattis wollte

helfen, wollte eingreifen ... doch wie? Sein Schreien ging im Kampfgetümmel unter und ... Was konnte er sonst tun?
„Uuuuhhuuu!“, ein jammervoller Klagelaut schmerzte in den Ohren. Jetzt hat es ihn richtig erwischt, dachte Mattis. Aber er hatte sich geirrt. Nicht Black, sondern sein Gegner war erwischt worden. Black hatte sich in ein Vorderbein des Monsters verbissen. Als er losließ, floh der Riesenhund raketenartig und war so schnell verschwunden, wie er gekommen war.
„Black, Black ...“, stammelte Mattis und schloss den Sieger des unglaublichen Kampfes in die Arme.
„Mattis, wow Mattis. Er hat gekämpft wie ein Löwe!“ Mattis’ Bruder Jannis stand vor ihnen. „Ich hab mir gedacht, dass du hier bist, du Verrückter. Mein kleiner Bruder Mattis und sein Löwe. Wenn das nur Ma nicht ...“ Mein großer Bruder ..., dachte Mattis. Schön, dass er hier ist. Ist schon cool, einen großen Bruder zu haben. Das sagte er aber nicht. Das musste er auch nicht. Doch er kam nicht darum herum, seiner Ma alles zu beichten.

Fragen zur Geschichte

Versuche die folgenden Fragen zu beantworten. Wenn du die richtigen Antwortbuchstaben auf einem Blatt notierst, bekommst du das Lösungswort.

1. Zu welcher Rasse gehört Black?

L Er ist ein Labrador.

B Black gehört zu den Ponyhunden.

C Er ist eine Dogge.

Ä Black zählt zu den Kampfhunden.

---

2. Warum hat Mattis' Ma ihm verboten, alleine an den Strand zu gehen?

T Die See ist zu gefährlich.

A Der Weg zum Strand ist sehr befahren.

Ö Ein Kinderschreck treibt sich dort herum.

F Sie hat Angst vor Sandstürmen, die häufig an der Nordsee toben.

---

3. Wo fühlt sich Black am wohlsten?

E in der Hundeschule

W im Wasser

Ü auf der Hundewiese

G in der Zoohandlung

---

4. Wer kämpft wie ein Löwe?

P die Monsterdogge

E Black

M der Kinderschreck

Z Jannis, der Bruder von Mattis

Das Lösungswort findest du auf Seite 116.

Wortknobelei

Welche Wörter gibt es wirklich? Schau im Duden oder in einem Online-Wörterbuch nach, wenn du dir nicht sicher bist. Kombiniere die Buchstaben, die bei den richtigen Begriffen in Klammern stehen, und schon hast du das Lösungswort.

LÖWEN

-dogge (F)

-gebell (E)

-anteil (C)

Party- (L)

-mut (A)

-zahn (B)

-mähne (K)

Teich- (Z)

Die Lösung findest du auf Seite 117.

Lösungshilfe:

So heißt der Hund, der wie ein Löwe kämpft.

Kreatives Schreiben

**Mattis muss seiner Mutter sein Erlebnis beichten.
Schreib das Gespräch der beiden auf.**

Wenn du Lust dazu hast, dann sende deinen Text an das Autorenpaar Kalle und Nicki Herges,
E-Mail: hergeshamburg-stories@web.de
Du erhältst auf jeden Fall eine Antwort. Viel Spaß!

Wissenswertes über Hunde

Geht es dir auch so? Ab und zu hört man den Ausruf: „Das ist aber ein dicker Hund!“ Nicht gemeint ist damit, dass Frauchen ihren Pudel Purzel bis zum Anschlag vollgestopft hat und dieser dann als lebende Fleischwurst durch die Gegend dackelt. Nein!

Das ist ein dickes Ding, ein starkes Stück, eine Unverschämtheit oder Frechheit, lautet die Botschaft.

Das wusstest du schon? Wunderbar, denn es ist immer gut zu wissen, „wo der Hund begraben liegt“, worin also die eigentliche Ursache für etwas liegt, was dahintersteckt. Und deshalb habe ich auch versucht, einige interessante Informationen zum Thema Hund zusammenzustellen. Wahrscheinlich wirst du sie lesen und danach nicht ausrufen: „Da wird der Hund in der Pfanne verrückt!“ Denn ein „Das ist ja nicht zu fassen!“ erwarte ich nicht. Aber wenn ich mit meinen Infos „keinen Hund hinter dem Ofen hervorlocke“, dich also langweile, dann „steh ich da wie ein begossener Pudel“.

Hier nun also Wissenswertes und Interessantes über den Hund aus meiner Sicht:
Weltweit gibt es an die 800 Hunderassen, die uns Menschen schon seit circa 18 000 Jahren begleiten. Alleine in Deutschland werden über 5 Millionen Hunde als Haustiere gehalten. Und noch eine beeindruckende Zahl: Die deutschen Hundebesitzer geben jährlich über 5 Milliarden Euro für ihre Tiere aus und sorgen somit auch für an die 100 000 Arbeitsplätze. Jetzt könnte man meinen, Deutschland sei das Land mit den meisten Hunden. Das stimmt aber nicht. In Frankreich oder Belgien leben zum Beispiel dreimal so viele Hunde wie bei uns.
„Faule“ und „dumme“ Hunde gibt es eher nicht. Natürlich ist es wie bei uns Menschen: Der eine will und kann etwas mehr, der andere etwas weniger. Von Natur aus aber ist der Canis lupus familiaris, der

Haushund, neugierig, verspielt, voller Antrieb und begierig, etwas zu lernen. Entscheidend ist, wie der Mensch mit ihm umgeht. Dass der Haushund nicht immer und überall gut behandelt wird, lässt sich schon an der Redewendung „Man behandelt mich wie einen Hund“ ablesen. Das ist sehr schade und nicht zu begreifen. Wenn wir uns einmal anschauen, welche tollen Fähigkeiten Hunde haben, dann verstehen wir Menschen, die schlecht zu unserem sprichwörtlich besten Freund sind, bestimmt noch weniger.
Da sind zum einen die hoch entwickelten Ohren. Sie sind mindestens doppelt so gut wie unsere. Hinzu kommt, dass die Ohrmuscheln super beweglich sind. Beobachte einmal einen Hund dabei, wie er die Ohren dreht, und versuche es nachzumachen. Blickt man zum anderen auf die Zähne, so sehen wir zum Beispiel Reißzähne, mit denen wir nicht konkurrieren können. Das härteste Steak ist für den Hund kein Problem, ob mit oder ohne Knochen. Wir Menschen würden uns „daran die Zähne ausbeißen“. Und nun zu seinen

Augen. Der Hund hat zwar eine Rot-Grün-Schwäche, in der Dämmerung ist er uns aber – wie der Wolf – weit überlegen. Zum Schluss das Highlight: der Geruchssinn! Seine Schnauze ist unserer Nase „um eine Million Nasenspitzen voraus“. Ja, du hast richtig gelesen: Der Hund riecht eine Million Mal besser als wir! Kein Wunder also, dass wir auf seine Fähigkeiten zurückgreifen. Er dient uns zum Beispiel als Polizeihund, Spürhund, Rettungshund oder auch als Blinden- und Therapiehund.
Es ist also „ein dicker Hund“, ein Skandal, wenn wir ihn nicht als Partner behandeln. Er ist unser bester Freund ... Und wir?

Schwanenkampf …
bis einer blutet

Kennt ihr Hahnenkämpfe? Ich meine diese fiesen Kämpfe, bei denen sich zwei Hähne aufeinanderstürzen, bis einer am Boden ist. Was ist das nur für ein brutaler Mist?! Ja, genau ... Mist. Hähne sollten morgens auf dem Misthaufen krähen und danach über den Bauernhof stolzieren. Aber – warum erzähle ich euch das?

Ich bin Cornelius und kein Ringer, Boxer oder Catcher. Nein, ich bin kein Kampfsportler, ich bin Segler. Ich segle für mein Leben gern. Die Schule ist aus, kurzer Boxenstopp, Mittagessen bei meiner Ma, und schon geht es ab zum See. Dass ich einmal Hauptdarsteller

bei einem Hahnen-, nein Schwanenkampf wäre, hätte ich nie gedacht. Und das kam so:
Alles war perfekt, keine Hausaufgaben, Spaghetti à la Mama, die Bahn war frei. In Rekordzeit war ich am See, machte mein Boot startklar und – dafür sollte ich später noch dankbar sein – zog mir meine Schwimmweste an. Der Wind war flau, aber die Sonne schien. Ich hielt ihr meinen Kopf entgegen. Nun gut, lass ich es mal gemütlich angehen, dachte ich.
Wie gedacht, so gemacht. Mir lachte also die Sonne ins Gesicht, mein Boot und irgendwie alles plätscherte so vor sich hin, bis ... Urplötzlich wurde ich aus meinem Tagtraum gerissen. Hinter mir ... ein Geräusch, als ob jemand den Außenbordmotor angeschmissen hätte. Den Motor? Ich habe gar keinen Motor!!! Lauter und lauter wurde das Geräusch. Was war das? Ruckartig drehte ich mich um und ... klatsch! Ich wusste wirklich nicht, wie und was mir geschah. Links und rechts, rechts und links: klatsch! Was war das? Aufgeregtes Flügelschlagen, ein Zischen und Schnabelklappern, ein riesiger fliegender Federball ... ein weißes Monster! Hilfe! Ein aufgebrachter Schwan griff mich an, volle Breitseite. Ich konnte mich gar nicht so schnell ducken und mit den Armen schützen, wie er mir einen Flügelschwinger nach dem anderen

verpasste. Gott sei Dank, jetzt ließ er kurz von mir ab. Aber nur um einen neuen Anlauf zu nehmen. Ich war aufgestanden, fing gerade erst richtig an zu begreifen, was passierte, und ... wieder eine Attacke. Das weiße Ungeheuer rauschte mir entgegen, links und rechts und rechts und links und ... ein stechender Schmerz.

„Hilfe! Mistvieh!“

Ich weiß gar nicht mehr, was ich gebrüllt habe. Aber eins ist sicher: Ich verlor das Gleichgewicht. Platsch! Schon lag ich im Wasser und meine Stirn brannte. Ein Kontrollgriff ... meine Fingerkuppen waren rot ... ich blutete. Der Panik nahe wartete ich auf die nächste Runde. Doch die blieb aus. Technischer K. o., Sieger nach Punkten eindeutig der weiße Kämpfer, der

Schwan. Gut so ... und nur gut, dass ich meine Schwimmweste anhatte. So gelang es mir, geschlagen und mit einiger Mühe zurück ins Boot zu kommen. Kein Mensch weit und breit, das Ufer in unmittelbarer Nähe und im Schilf eine unheimliche weiße Gestalt. Das muss es gewesen sein. Ich war zu nahe am Ufer und dort ... sein Nest. Jetzt verstand ich. Er war kein Unhold, er war eine SIE, eine Kämpferin, eine echte Mutter. So wie meine. Und der musste ich viel erklären, bis sie verstand, wie man beim Segeln k. o. gehen kann.

Fragen zur Geschichte

Versuche die folgenden Fragen zu beantworten. Wenn du die richtigen Antwortbuchstaben auf einem Blatt notierst, bekommst du das Lösungswort.

1. Cornelius ist ein

B Boxer

M Segler

R Ringer

I Catcher

2. Was gibt es nach der Schule zu Mittag?

P Pommes à la Papa

H Chickenwings

O Segler-Burger

A Spaghetti à la Mama

3. Wobei geht Cornelius k. o.?

F beim Boxen

T beim Fußball

M beim Segeln

E beim Luftanhalten

4. Warum kommt es zum „Schwanenkampf“?

Z Cornelius hat den Schwan herausgefordert.

Q Der Schwan ist von Natur aus sehr aggressiv.

V Cornelius hat dem Schwan Futter weggeschnappt.

A Das Segelboot war zu nahe an ein Schwanennest herangekommen. Die Mutter wollte ihre Jungen verteidigen.

Das Lösungswort findest du auf Seite 118.

Wortknobelei

Welche Wörter gibt es wirklich? Schau im Duden oder in einem Online-Wörterbuch nach, wenn du dir nicht sicher bist. Kombiniere die Buchstaben, die bei den richtigen Begriffen in Klammern stehen, und schon hast du das Lösungswort.

Zwei- (C)

Titel- (O)

Box- (N)

-ader (G)

Muskel- (E)

Rück- (U)

KAMPF

Wein- (F)

Klassen- (O)

Drei- (K)

Hahnen- (K)

Zehn- (T)

Die Lösung findest du auf Seite 119.

Lösungshilfe:

Das gesuchte Wort sagt aus, dass ein Boxkämpfer nicht mehr kampffähig ist.

Kreatives Schreiben

Finde möglichst viele Reimwörter zu Schwan (mindestens drei Wörter). Verfasse dann mit diesen ein kleines Gedicht.

Wenn du Lust dazu hast, dann sende deinen Text an das Autorenpaar Kalle und Nicki Herges,
E-Mail: hergeshamburg-stories@web.de
Du erhältst auf jeden Fall eine Antwort. Viel Spaß!

Wissenswertes über Schwäne

Wenn du für deine Leistung oder dein Aussehen den Kommentar „Mein lieber Schwan!“ kassierst, dann darfst du dich geschmeichelt fühlen. Vielleicht hast du dich sogar „vom hässlichen Entlein zum Schwan“ entwickelt. Falls dem nicht so ist, habe ich einen Trost: Was nicht ist, kann noch werden.

Warum der Schwan für etwas Positives, Schönes steht, möchte ich dir kurz erklären.

Man muss nur hinschauen und auf den ersten Blick ist klar: Schwäne sind auffallend, nicht zu übersehen, wirken majestätisch und sind alles in allem echte Hingucker. Das liegt zum einen an ihrer eindrucksvollen Größe. Man zählt sie zu den Entenvögeln, da ist es für sie natürlich nicht schwer, ihre recht kleinen Entenbrüder und -schwestern zu überragen und auszustechen. Zum anderen ihr Gefieder: Das ist bei den Schwänen wie frisch gewaschen, gestrichen oder neu lackiert. Reines Weiß strahlt uns bei den meisten Schwanenarten entgegen oder zumindest eine Schwarz-Weiß-Mischung. Wie immer gibt es aber auch hier die Ausnahme von der Regel: den Trauerschwan. Er überrascht durch eine komplette Schwarzfärbung. Ob also schwarz oder in der Regel weiß, am liebsten leben sie in flachen Gewässern, zum Beispiel Seen, Sümpfen und langsam fließenden Flüssen. Der Grund dafür ist einfach. Hier können sie, wie alle Entenvögel, ihre beliebte Wassergymnastik „Köpfchen unter Wasser, Schwänzchen in die Höh" ausleben. Das mit der Wassergymnastik stimmt natürlich nicht so ganz. Schwäne „gründeln", das heißt, sie suchen am Grund von Gewässern nach Nahrung. Wasserpflanzen als kleiner Snack zwischendurch sind für uns Menschen eher nicht der Hit. Es gibt aber in einem anderen Bereich überraschende Gemeinsamkeiten ... in der Liebe. Schwanenpaare binden sich für das ganze Leben. Und genau das versprechen sich ja auch Braut und Bräutigam am Traualtar.

Von Eheverträgen und Scheidungen bei Schwänen hat man allerdings bisher noch nichts gehört.
Und noch eines zum Thema Liebe:
„Liebe macht blind“ gilt für Mensch und Schwan. Bekannt geworden sind Schwäne, die sich in ein Tretboot verguckt haben und nicht mehr von dessen Seite weichen wollten. Ganz speziell ist die Liebe der Hamburger zu ihren Alsterschwänen. Sie sind ein lebendes Wahrzeichen der Hansestadt und stehen dort seit dem Jahre 1664 unter einem besonderen Schutz. Es ist seitdem verboten, Schwäne zu verletzen oder gar zu töten oder auch nur zu beleidigen. Ein sogenannter Schwanenvater kümmert sich um ihr Wohlergehen und der Hamburger Senat übergibt Alsterschwäne als offizielles Gastgeschenk an Vertreter befreundeter Städte oder Staaten.
Mein lieber Schwan!

Hasenheld

„Angsthase! Pfeffernase!“ „Du bist ein Hasenfuß, ein Angsthase.“ So sagt man. Doch ist das richtig? Von mir ein klares Nein. Denn ich kenne einen Hasen, einen Superhasen – was sag ich: Mümmel ist ein Held! Ihr schmunzelt? Wartet nur ab. Ihr werdet staunen.

„Gute Nacht, Somaya.“
„Schlaf gut, Prinzessin.“
Ma und Pa verließen mein Zimmer und ich war froh, zur Ruhe zu kommen. Gerade hatte ich eine Erkältung hinter mich gebracht. Schlapp wie ein Boxer vor dem K. o. ließ ich mich in meine weichen Federn fallen. Schnell atmete ich tief und gleichmäßig.
Knartsch! Knirsch! Träumte ich schon? Wieder: Knaaartsch! Klatsch!

Mümmel! Natürlich! Ich hatte meinen Hasen vergessen. Mümmel war es gewohnt, sich nachts in meinem Zimmer frei zu bewegen. Jetzt klagte er das ein. Er kratzte an seiner Stalltür und stieß mit dem Kopf dagegen. Das kannte ich schon.
„Schon gut, Mümmel. Sorry, hab dich mal wieder vergessen."
Mit dieser Entschuldigung öffnete ich den kleinen Hasenstall, wankte zurück zum Bett und kann mich an nichts Weiteres mehr erinnern. Tiefschlaf war angesagt, fester, tiefer, erholsamer Schlaf. Doch erholsam geht anders. Knartsch! Knirsch! Eine riesige Hasenpfote ... dolchartige Zähne kommen auf mich zu ... ein XXL-Hase mit rot unterlaufenen Augen setzt an zum Sprung ... Was für ein merkwürdiger Albtraum. Ich schreckte auf. Mensch, was war nur mit mir los? Hatte ich das Fieber doch noch nicht überwunden? Ein Monster ... ein Hasenmonster?! Wie lächerlich! Davon durfte ich wirklich keinem erzählen. Ich tröstete mich damit, dass ich ja nicht gerade in Topform war. Ruhe, endlich Ruhe wünschte ich mir, nicht mehr und nicht weniger.
Knartsch! Kniiirsch! Rumms!
Nein! Was war das? Kein Traum, das war sicher. Ich knipste die Nachttischlampe an und saß nun aufrecht

im Bett. Und … wieder! Rumms! Wer zum Teufel …? Es half nichts. Ich musste mich kümmern. Das musste Mümmel sein. Der war doch sonst nicht so nervig. „Mümmel“, zischte ich. „Wenn ich dich erwische, bleibst du im Stall, bis du verschimmelst.“ Mümmel? Weit und breit kein Mümmel. Ich ließ keine Ecke aus und … Knarrr! Das Geräusch kam nicht aus meinem Zimmer. Mümmel war nicht zu sehen. Wie passte das zusammen? Ein Blick in Richtung Zimmertür: Klarer Fall von „Denkste“. Die Tür war einen Spaltbreit auf, genau so weit, dass dieser Chaos-Hase ausbüchsen konnte. Wahrscheinlich hatte Ma noch einmal nach mir geguckt und sie nicht richtig geschlossen. „Mümmel, Mümmel, Mümmel“,

murmelte ich vor mich hin und ging schlaftrunken nach unten. Alles war dunkel. Knartsch! Knarrr! Ich kam dem Wohnzimmer immer näher. Und ... schlagartig war ich hellwach. Da tanzte ein Lichtkegel durchs Wohnzimmer! Meine Gedanken überschlugen sich, fuhren Achterbahn. Mümmel? Nein! Der Lichtschein gehörte zu einer Taschenlampe. Und ein Hase, der eine Lampe ... Mist! Da war ein Einbrecher! Augenblicklich wurde mir heiß und kalt. Ich wollte um Hilfe rufen, konnte mich aber noch beherrschen. Rückzug ... schnell ..., hämmerte es in meinem Hirn. Klatsch! Die Blumenvase! An die hatte ich in meiner Panik im Dunkeln nicht gedacht. Oh nein! Jetzt überschlugen sich die Ereignisse. Der Einbrecher riss

die Tür auf und fluchte etwas Unverständliches. Was hatte er vor? Ich konnte nicht mehr denken, nicht schreien, ich war wie schockgefroren. Wehrlos sah ich den riesigen Kerl auf mich zukommen. Nur noch ein Schritt und … Zisch! „Aaah!“
Ich begriff nichts. Der Riese hatte aufgebrüllt, seine Taschenlampe fallen gelassen und floh wie ein aufgescheuchter Hase durch die aufgebrochene Terrassentür.
„Somaya?!“
„Schatz?!“
Meine Eltern … der nächste Aufschrei: „Was um Himmels willen …“
„Ein Einbrecher“, schluchzte ich, als Ma mich in die Arme nahm.
„Guckt mal, Blut … Ist was mit dir? Somaya!“ Pa war außer sich. „Somaya, was …“
„Mümmel!“, rief ich dazwischen. „Mümmel!“
Mein Hase saß neben der zerbrochenen Vase. Ja, es war mein Mümmel, mein Hase, mein Held … mit Blut an den Krallen.
Was war passiert? Genau werden wir das wohl nie erfahren. Aber es muss ungefähr so gewesen sein: Mümmel hatte wohl am Treppenabsatz gesessen … und flog, sprang, hechtete oder fiel einfach … wohin?

Genau zum richtigen Zeitpunkt mitten in das Gesicht des Einbrechers! Daher das Blut. Der Dieb hatte buchstäblich für seine dreiste Tat geblutet. Und wer hatte ihn vertrieben? Nicht Ma, nicht Pa – Mümmel, wer sonst und wie auch immer.

Fragen zur Geschichte

Versuche die folgenden Fragen zu beantworten. Wenn du die richtigen Antwortbuchstaben auf einem Blatt notierst, bekommst du das Lösungswort.

1. Wer ist es gewohnt, sich nachts frei in Somayas Zimmer zu bewegen?

I ein Einbrecher
H ihr Hase Mümmel
S Somayas Eltern
P ein Staubsauger-Roboter

2. Wovon träumt Somaya?

F von den Alpen
Z davon, dass tausend Hasen in ihr Bett springen
O von Ostern
E von einem Hasenmonster

3. Woran erkennt Somaya, dass ein Einbrecher im Haus ist?

L am Lichtkegel einer Taschenlampe
W am Zersplittern einer Glasscheibe
U am Aufklatschen der Blumenvase
Ö an der Alarmanlage

4. **Wer schlägt den Einbrecher in die Flucht?**

Ä Somayas Vater

R Somaya

D Mümmel

K der Bünabe (bürgernahe Beamte)

Das Lösungswort findest du auf Seite 120.

Wortknobelei

Welche Wörter gibt es wirklich? Schau im Duden oder in einem Online-Wörterbuch nach, wenn du dir nicht sicher bist. Kombiniere die Buchstaben, die bei den richtigen Begriffen in Klammern stehen, und schon hast du das Lösungswort.

Test- (O)

Angst- (B) Schafs- (A)

Blumen- (U) **HASE** Schnee- (I)

Wild- (D) Feld- (E)

Spaß- (T)

Die Lösung findest du auf Seite 121.

Lösungshilfe:

Hier wird ein anderes Wort für Räuber gesucht.

Kreatives Schreiben

Stell dir vor, du bist der Einbrecher. Was denkst du nach deiner Flucht? Schreibe deine Gedanken in der Ich-Form auf.

Wenn du Lust dazu hast, dann sende deinen Text an
das Autorenpaar Kalle und Nicki Herges,
E-Mail: hergeshamburg-stories@web.de
Du erhältst auf jeden Fall eine Antwort. Viel Spaß!

Wissenswertes über Hasen

Im Vergleich zu dir bin ich, Kalle Herges, wahrscheinlich in einigen Dingen „ein alter Hase“, habe also mehr Erfahrung als du. Das gilt natürlich nicht in allen Punkten. In puncto Skaten bist du mir zum Beispiel bestimmt weit voraus. „Mein Name ist Hase“ – ich habe keine Ahnung – muss ich auch gestehen, wenn es um die aktuellsten Hits geht. Zum Thema Hasen habe ich mich aber schlau gemacht. Hier nun Informationen von mir dazu.
Erstaunlicherweise gibt es 55 Hasenarten, zu denen man auch die Formen des Kaninchens zählt. Am bekanntesten dürften der einheimische Feldhase und das Wildkaninchen sein. Auch wenn dir diese bisher immer schnell aus dem Blickfeld gelaufen sind, kennst du sicher die Zuchtform des Wildkaninchens: das Hauskaninchen. Es kann zu Hause gehalten werden und dort ein Kuschel- und

Schmusetier sein. Der Feldhase aber hat einen unzähmbaren Freiheitswillen, er würde lieber sterben als eingesperrt zu sein. Ob also im Hasenstall, im Stadtpark, in den Wäldern oder auf Wiesen, in den Tropen oder als Schneehase in der Arktis – Hasen und Kaninchen

gibt es überall, nur die Antarktis bevölkern sie nicht. Es ist wie im Märchen „Der Hase und der Igel“, mit dem kleinen Unterschied, dass nicht der Igel, sondern die Hasen immer vor dir da sind.
So ist es auch bei der Ernährung, Hasen sind da einfach vorbildlich. Sie fressen hauptsächlich Gräser, Blätter und Kräuter, sind also waschechte Veganer. Das bekommt ihnen gut. Die Weibchen bringen mehrmals im Jahr Nachwuchs zur Welt. Jeder Wurf kann aus bis zu 15 Jungen bestehen. Von dieser Kinderschar überleben aber nur etwa 20 Prozent, also ein Fünftel, länger als ein halbes Jahr. Das liegt zum einen daran, dass Hasen sehr viele Fressfeinde haben

und auf unseren Äckern immer weniger Futter und Schutz finden. Zum anderen überstehen viele Jungtiere, die Ende Februar oder Anfang März auf die Welt kommen, lange und kalte Winter nicht. Auffallende Merkmale von Hasen sind ihre langen Ohren und ihre langen Hinterbeine, die besonders kräftig sind. Die einen brauchen sie unbedingt, um ihre Feinde wahrzunehmen, die anderen, um vor ihnen fliehen zu können. Blitzschnell schlägt der Hase Haken um Haken und entgeht so oft einem traurigen Ende. Zum Helden, wie in der Geschichte, taugt er eher nicht oder wird eher rein zufällig dazu. Wie sollte er auch! Viele Kinder haben so oder so einen engen Bezug zu den niedlichen Tieren. Sie lieben Hasen und Kaninchen in natura oder als Figuren – und doch auch Helden – in Büchern oder Filmen. Man denke nur an die „Häschenschule“, den Kinoerfolg „Keinohrhasen“ oder den Trickfilm-Hasen Bugs Bunny.

Und ein Thema muss natürlich noch angesprochen werden: Ostern. Während in Australien angeblich der „Easter Bilby“ – ein niedliches Beuteltier – die Ostereier bringt, ist es bei uns der Osterhase. Er hat den Osterfuchs und den Osterstorch, die früher in einigen Gegenden üblich waren, abgelöst. Und das erklärt man sich damit, dass sich die sonst so scheuen Hasen in oder nach bitterkalten Wintern im Frühjahr in die Dörfer trauten, um Nahrung zu suchen.

So entstand die Legende, sie kämen zu Ostern, um die Ostereier zu bringen. Da die Hasen wegen ihrer großen Kinderschar und der ersten Geburten im Frühjahr zudem als Symbol der Fruchtbarkeit und des Frühlingsbeginns stehen, setzte sich dieser Glaube an den Osterhasen durch.
So viel also zum Thema Hase. Ich hoffe, du weißt jetzt etwas mehr, „wie der Hase läuft“.

Meeresperlen

Türkei-Urlaub, die Döner-Version: Einmal mit allem, alles mit drin. Was konnte es Besseres geben?

„Charleen, ist das nicht der Wahnsinn?!"
Recht hatte meine Mutter. Wir führten ein kleines Freudentänzchen auf, als wir außer Sichtweite des Reisebüros waren. Ein Super-Schnäppchen!!!
Und uns wurde wirklich alles geboten und noch viel mehr. Auf das hätten wir aber, ehrlich gesagt, lieber verzichtet. Abenteuer okay, aber bitte nie wieder so ...
Das Hotel war toll, perfekt für einen Mutter-Tochter-Trip. Zwei Wochen wollten wir es uns gut gehen

lassen. Aber schon nach einer hatte ich die Nase voll vom Kinderclub, von den Wasserrutschen und dem überfüllten Pool. Und meine Ma hielt es am Hotelstrand nicht mehr aus. Was da alles geboten wurde – einfach zu viel! Wasserski, Bananenboot, Surfen, Angeln und – man glaubt es kaum – Hochseefischen. „Fang dir einen Hai“ – nicht mit uns. Das war doch zum Totlachen. Als ob sich auch nur ein einziger Hai an diese Küste verirren würde. Wer glaubte denn so was? Wir jedenfalls nicht. Kurzum, wir suchten eine ruhige Badebucht und fanden sie. Das Meer war total klar und angenehm warm. Wir fühlten uns pudelwohl. Ma und ich schwammen hinaus, weit und weiter. Bis es zu weit war. Ich merkte es zuerst. Unseren Sonnenschirm konnte ich in der Ferne nur noch als kleinen Punkt ausmachen.

„Ma, guck mal zurück!“

„Oh ja, Charleen. Gut, dass du aufpasst. Mensch, wusste gar nicht, dass wir so fit sind. Komm, meine kleine Meerjungfrau, es geht zurück.“

Anfangs waren wir beide noch entspannt. Doch das änderte sich schnell. Ich hatte nämlich das Gefühl, dass ich gar nicht vorankam. Die Gegenströmung war so stark, dass wir nach zwei, drei Metern vorwärts mindestens einen zurückgespült wurden. Ma schien

das auch zu bemerken. Da war nicht mehr viel mit „locker und lustig“. Sie ließ sich das nicht anmerken, aber sie musste genauso wie ich ganz schön kämpfen. „Zeig, was du draufhast“, feuerte sie mich an, aber ich hatte genug damit zu tun, nicht daran zu denken, dass ein Krampf in dieser Situation unser Ende bedeuten konnte. Ich guckte wieder zum Strand. Mist! Der kleine Punkt wurde einfach nicht größer. Und noch mal Mist! Vor uns ... das durfte doch nicht wahr sein ... vor uns tauchte eine Rückenflosse auf. Ein Hai! Hilfe! Und da ... noch eine Flosse ... noch ein Hai. „Charleen!“ Ma hatte die Räuber der Meere ebenfalls gesehen.
„Mama, ich hab Angst“, schluchzte ich.

„Charleen, reiß dich zusammen. Wir müssen ruhig bleiben."
„Mama!" Ich war verzweifelt wie nie.
„Charleen, hör mir gut zu. Wir haben nur eine Chance, wir stellen uns tot."
Mich tot stellen, das konnte ich eigentlich gut.
Ihr müsst wissen, dass meine Ma früher Synchronschwimmerin war. Und ich habe mit ihr das ein oder andere Mal trainiert. Aber in dieser Lage ruhig auf der Wasseroberfläche zu treiben ... Wie sollte das gehen?!
Ich zwang mich dazu, zitterte aber vor lauter Angst.
Da! Ich zog meinen Fuß zurück. Etwas hatte mich berührt. Da war etwas an meinem Fuß gewesen. Hilfe!
Der Hai! Aber ... Warum hatte er nicht zugebissen?
„Aaahhh!" Ein angsterfüllter Schrei von Ma. Jetzt hatte er es auf sie abgesehen. „Charleen!" – „Ma!"
Wir schrien wie am Spieß und rechneten jede Sekunde mit der tödlichen Attacke.
Als ich vor lauter Schreien und Strampeln fast keine Kraft mehr hatte, kam mir ein Gedanke. Haie hätten uns längst geschnappt, wir hätten schon längst als Hai-Frühstück geendet. Ich sah genauer hin ... Das waren gar keine Haie. Es waren – mein Herz raste wie ein Schnellboot – es waren Delfine. Ma muss es wieder wie mir ergangen sein.

„Charleen! Schatz! Guck! Es sind Delfine!“
„Jaaa! Delfine!“, seufzte ich erleichtert auf. Aber das war nur die halbe Lösung unserer Probleme. Uns fehlte einfach die Power. Wie sollten wir an Land kommen?! Wie?! Die Antwort ließ nicht auf sich warten. Eine große Flosse tauchte neben Ma und eine kleinere direkt neben mir auf. „Halt dich fest!“, rief Ma und das Wunder geschah. Die Tiere zogen uns an Land, sie retteten unser Leben.
Weinend fiel ich Ma in die Arme. Zwei Rückenflossen, eine kleinere und eine größere, nahmen wieder Kurs auf das offene Meer. „Sie haben uns gerettet, Ma – uns, die Menschen, die die Meere verdrecken, sie fangen und töten.“

„Ja, es ist … es ist unglaublich. Ich …“ Ma fehlten die Worte. Es war der unwirklichste und atemberaubendste Moment unseres Lebens gewesen.
Ja, sie sind einzigartig, sie sind kostbar, unvergleichlich, sie sind die Perlen der Meere. Und ich weiß noch nicht genau, wann und wie, aber eins weiß ich:
Ich werde Delfin-Retterin.

Fragen zur Geschichte

Versuche die folgenden Fragen zu beantworten. Wenn du die richtigen Antwortbuchstaben auf einem Blatt notierst, bekommst du das Lösungswort.

1. Was hat der Hotelstrand nicht zu bieten?

U Wasserski und Bananenboote
D Surfen
M Ruhe und Entspannung
S Angeln und Hochseefischen

2. Wer wird in dieser Geschichte „die Räuber der Meere“ genannt?

E Haie
T Piraten
U Hochseefischer
A Kreuzfahrtschiffe

3. Wer ist hier mit „Meeresperlen“ gemeint?

Z Charleen und ihre Mutter
N Inseln im Mittelmeer
E Delfine
O Haie

4. Was soll der Titel ausdrücken?

R Es geht hier um etwas sehr Wertvolles und Kostbares wie die Einzigartigkeit eines Lebewesens.

H Charleen sucht Perlen auf dem Grund des Meeres.

F In der Sonne glitzert das Meer wie eine Mega-Riesen-Perlenkette.

T Perlen aus dem Meer bringen Geld, viel Geld.

Das Lösungswort findest du auf Seite 122.

Wortknobelei

Welche Wörter gibt es wirklich? Schau im Duden oder in einem Online-Wörterbuch nach, wenn du dir nicht sicher bist. Kombiniere die Buchstaben, die bei den richtigen Begriffen in Klammern stehen, und schon hast du das Lösungswort.

BOOT

Butter- (A)

Sport- (L)

U- (N)

Falt- (P)

Drachen- (E)

Bei- (E)

Knäcke- (K)

Nutella- (F)

Ebbe- (G)

Fair- (X)

Motor- (R)

Die Lösung findest du auf Seite 123.

Lösungshilfe:

Frauen tragen sie bei besonderen Anlässen als Kette.

Kreatives Schreiben

Versetze dich in Charleen, nachdem sie von den Delfinen gerettet wurde. Schreibe aus ihrer Sicht einen Tagebucheintrag.

Wenn du Lust dazu hast, dann sende deinen Text an das Autorenpaar Kalle und Nicki Herges,
E-Mail: hergeshamburg-stories@web.de
Du erhältst auf jeden Fall eine Antwort. Viel Spaß!

Wissenswertes über Delfine

Stell dir Schulen mit über tausend Schülern vor. Das ist nicht schwer. Die „Schülerinnen und Schüler“ verständigen sich durch Körperkontakt, Schnattern und Pfeifen. Auch das ist gut vorstellbar. Doch jetzt kommt’s: Sie geben Klicklaute von sich und treiben geschickt Fischschwärme an die Küste oder kreisen sie ein, um sie dann zu verputzen. Nicht mehr vorstellbar ... oder?
Was für menschliche Schülerinnen und Schüler undenkbar ist, macht für Delfine ihren „Schulalltag“ aus. Denn Gruppen von Delfinen werden Schulen genannt, und die können tatsächlich bis zu 1 000 Mitglieder haben.

Auf den nächsten Seiten habe ich noch mehr allgemeine, aber auch ganz besondere Informationen über Delfine für dich zusammengestellt.
Die meisten von euch kennen sicherlich Flipper, den auf seiner Schwanzflosse reitenden, laut schnatternden Helden einer amerikanischen Fernsehserie. Flipper ist ein „Superman-Delfin“, er besteht jedes Abenteuer und bringt jeden Schurken zur Strecke. Flipper gehört zu den „Großen Tümmlern“, der bekanntesten Delfinart. Neben diesen Tümmlern gibt es noch ungefähr vierzig weitere Arten. Sie sind in der Regel zwischen 1,5 und 4 Meter lang. Als größter Delfin bringt es der „Große Schwertwal“ sogar auf etwa 8 Meter.
Delfine sind in allen Meeren anzutreffen und wenn man sie zu Gesicht bekommt, dann ist das eine wahre Freude – sowohl für uns als auch für den Delfin. Denn die verspielten Tiere folgen gerne Schiffen, um auf den Wellen zu reiten und ihre akrobatischen Sprünge zu zeigen. Wir

Menschen können uns dann an ihrem Anblick erfreuen. Sie schießen mit ihren stromlinienförmigen Körpern mit bis zu 55 Kilometern pro Stunde aus dem Wasser und sind auch in anderen Punkten rekordverdächtig. Auf Beutezügen können sie fast 300 Meter tief und bis zu einer Viertelstunde lang tauchen. Zudem sind sie Weltmeister im Peeling. Was das ist?

Peeling machen Menschen, um eine reinere Haut zu bekommen. In Schönheitstempeln, kleineren Wohlfühloasen oder zu Hause im Badezimmer rückt so manche und auch so mancher den abgestorbenen Hautzellen zu Leibe. Und genau das tut auch der Delfin, nur dass er dazu kein Badezimmer braucht. Alle zwei Stunden – ja, du hast richtig gelesen – stößt der Delfin seine äußeren Hautzellen ab. Und das macht ihn zum ungekrönten Peeling-Weltmeister. Und warum macht er das? Die Antwort ist einfach. Dem Delfin geht es nicht wie uns Menschen ums Aussehen, er hat dadurch einen geringeren

Strömungswiderstand und kann unter anderem deshalb so schnell durchs Wasser flutschen.
Delfine sind eben schlau. Das mag an ihrem großen Gehirn liegen. Zoologen zählen Delfine zu den intelligentesten Tieren.
In Delfinarien zeigen sie, was sie können. Aber nicht nur da, selbst beim Militär werden sie eingesetzt. Delfine können zum Beispiel Seeminen entschärfen oder an feindlichen Zielen anbringen. Doch nicht nur für diese fragwürdigen Tätigkeiten braucht oder besser missbraucht man sie. Vielleicht hast du schon einmal von Delfintherapien gehört, durch die bei kranken Menschen, zumeist Kindern, Blockaden gelöst werden können. Das ist etwas sehr Schönes und Wertvolles.
Umso unverständlicher finde ich, dass in manchen Ländern eine gnadenlose Jagd auf diese tollen

Meerestiere veranstaltet wird. Im japanischen Taiji treibt man jedes Jahr tausend

und mehr Delfine in eine Bucht, um sie dort zu töten. Weltweite Proteste konnten dies bis heute nicht verhindern. Verdienen wir also ihre Hilfe wie in der Geschichte? Nein und ja. Denn es gibt auch eine andere Seite. In Kroatien wurde, um ein Beispiel zu nennen, ein Schutzgebiet für Delfine eingerichtet. Die Organisation Blue World und weitere Organisationen im In- und Ausland setzen sich für sie und andere Bewohner der Meere engagiert ein.
Zum Abschluss möchte ich noch drei Besonderheiten des Delfins erwähnen. Delfine schlafen nie ganz, immer nur halb. Wie das geht? Eine Gehirnhälfte schläft und die andere ist wach. Zudem bleibt ein Auge geöffnet, um Angreifer zu erkennen. Eines ist sicher: Das können wir nicht. Und noch etwas Einzigartiges: Große Tümmler können Mitglieder ihrer Schule mit Pfeiflauten rufen, so wie wir Menschen uns beim Namen nennen. Das gibt es sonst nicht im Tierreich. Zum Abschluss noch dies:
Der französische Thronfolger führte über Jahrhunderte den Titel Dauphin, das französische Wort für Delfin. Diese Wertschätzung der faszinierenden Meerestiere ist etwas ganz Besonderes. Delfine sind eben die Perlen oder auch Prinzen der Meere.

Manege frei für Mr Cool

„Brrr!“ Josi zog die Zügel an. Keinen Moment zu früh. Beinahe wäre sie in Franziskas Pony hineingerast, so abrupt hatte Franzi abgebremst.
„He, was geht bei dir?“, keuchte Josi vor Anstrengung. Zuerst der Höllenritt über die Elbwiesen und dann die Vollbremsung, das ging ganz schön in die Arme. Und außer Puste waren Reiterinnen und Pferde auch.
„Was geht? Guck mal nach vorne!“
Richtig, jetzt sah sie es auch. Glassplitter, so weit das Auge reichte.
„Eine Schweinerei ist das.“
„Genau, feiern eine Party und lassen achtlos ihren Müll liegen.“

Voller Wut wegen dieser Rücksichtslosigkeit ritten die beiden Mädchen zum Reitstall zurück. Dort empfing sie ihre Reitlehrerin Maren:

„Na, was ist denn mit euch los? Ihr kommt ja angestürmt, als wäre der Teufel hinter euch her."

„Die Idioten haben wieder Flaschen kaputt geschmissen", erklärte Josi aufgeregt.

„Die würd' ich am liebsten barfuß da durchrennen lassen", ergänzte Franzi.

„Mal langsam, Mädels", versuchte Maren zu beruhigen. Doch es gelang ihr nicht wirklich.

„Am besten wäre, wir erteilen ihnen mal eine richtige Lehre", fuhr sie fort.

„Aber wie?", grübelte Franzi.

Josi sagte erst nichts, dann sprudelte es aus ihr heraus:

„Ich glaub', ich hab's. Was macht man mit Typen, die sich supercool vorkommen?"

„Weiß nicht ...", meinte Franzi.

Maren guckte gespannt, ihr fiel offensichtlich auch keine Antwort ein.

„Man enttarnt sie. Man zeigt ihnen und vor allem anderen, dass sie gar nicht cool sind. Und das muss ihnen so peinlich sein, dass sie sich nie wieder auch nur in unsere Nähe wagen", fuhr Josi fort.

„Prima Idee! Aber wie …“
„Am Sonntag ist doch …“
„… unser Reitfest“, ergänzte Franzi.
„Und die Spinner …“, fabulierte Josi weiter,
„… kommen jedes Jahr und machen sich wichtig.
Wie wär's also, wenn wir ihren Oberboss Benno mal so richtig hochnehmen.“
Das war wirklich eine coole Idee. Schnell war man sich einig, wer was wann zu tun hatte, und die Vorfreude der drei Pferdefreundinnen stieg von Tag zu Tag.
Endlich Sonntag! Schnell war das Fest in vollem Gange.
„Die Spinner sind immer noch nicht da“, zischte Franzi Josi zu.

„Die werden doch wohl ausgerechnet heute nicht …“, entgegnete Josi.
Doch in diesem Moment bewahrheitete sich das alte Sprichwort: „Wenn man vom Teufel spricht …“
Joe, Chris und nicht zuletzt Benno betraten die geräumige Reithalle. Wie immer viel zu laut, wie immer viel zu auffällig. Die Jungen hatten sich kaum hingesetzt, da legte Maren, die die Veranstaltung moderierte, auch schon los.
„Und als Nächstes brauche ich einen mutigen jungen Mann, der vor großen Tieren keine Angst hat.“
Ein Raunen ging durchs Publikum, doch niemand meldete sich freiwillig. Nur die Jungenbande hatte überhaupt nicht zugehört. Benno dröhnte großspurig herum und passend dazu tönte es aus den Lautsprecherboxen:
„Prima, da war eine Meldung. Applaus für den jungen Mann oben rechts.“
Die ganze Halle starrte auf Benno und fing an zu applaudieren. Der bemerkte erst jetzt, dass er gemeint war. Franzi nahm ihn mit dem Scheinwerfer, den sie bediente, voll ins Visier.
„Guck mal, wie blöd der guckt“, raunte ihr Josi zu.
Doch Benno hatte sich schnell gefasst und in seinen Angeber-Modus zurückgefunden. Das Publikum

klatschte zögerlich und er begann seine Show abzuziehen. Mit ausgestreckten Armen forderte er mehr Applaus ein und bekam ihn auch. Chris und Joe johlten und brachten es sogar fertig, in ihrem Block die Welle in Gang zu bringen. Benno ging breitbeinig wie ein Cowboy in die Manege. Man hätte glauben können, ein Megastar habe seinen Auftritt.

„Ja, da ist er ja schon, der unerschrockene junge Mann“, empfing Maren ihn. „Wie ist dein Name?“

„Big Benno“, antwortete der Spinner und schaute Beifall heischend in die Runde. Seine Kumpel standen auf und johlten wieder.

„Big Benno, wir werden gleich sehen, wie groß dein Mut ist. Hast du Erfahrung mit Pferden? Und ganz wichtig, traust du dich auf eins rauf?“
„Jo, lass das Pferdchen mal antraben.“
„Zeig’s dem Arroganto“, zischte Franzi Josi zu.
„Und ob ich das mache!“, stieß diese hervor.
Sie gab dem mächtigen Hengst das Startsignal, stürmte mit ihm in die Arena, direkt auf Benno zu. Josi tat so, als hätte sie Mühe, das Vollblut zu kontrollieren. Fire bäumte sich eine Nasenspitze vor Benno auf und der wurde auf einmal klein, ganz klein. Fire schnaubte und seine imposante Gestalt schüchterte Benno merklich ein.
„Na, Big Benno, traust du dich?“, fragte Maren und jeder im weiten Rund kannte die Antwort. Nur einer nicht – Benno. Er riskierte weiter eine dicke Lippe.
„Klaro, ich krieg den Kleinen schon in den Griff.“
Keine Ahnung vom Reiten, die Hosen voll vor Angst, aber immer noch auf starker Typ machen – typisch Benno.
Maren ließ sich darauf natürlich nicht ein. Sie wollten ihm eine Lehre erteilen, nicht mehr und nicht weniger. Alleine mit Fire, das konnte nicht gut gehen.
„Wir werden sehen. Fürs Erste aber vertraue ich Josi. Applaus für Josi!“

Das Publikum folgte der Aufforderung.
„Steig in den Sattel, Benno. Josi wird hinter dir sitzen und aufpassen, dass nichts passiert.“
„Was?“, protestierte der Maulheld, doch im Grunde seines Herzens war er froh, dass er nicht alleine auf Fire reiten musste. Ein, zwei geübte Handgriffe und Benno war in den Sattel gehievt. Josi musste Fire nur kurz antippen und er trabte an. Sie steigerte das Tempo und die Menge ging mit.
„Langsamer, langsamer“, japste Benno. Alles lief nach Plan. Dem Großmaul wurde immer mulmiger zumute. Josi lachte sich ins Fäustchen und Franzi winkte ihr zu.

„Pitsch!“ Ein heller, durchdringender Knall durchschnitt die Luft.
„Oh nein! Warum müssen sie so übertreiben. Das war nicht abgesprochen. Das geht nicht gut.“
Josis Gedanken überschlugen sich. Fire, ausgerechnet Fire. Fire konnte bei einem scharfen Knall explodieren. Das wussten Maren und Franzi doch! Schon stieg er hoch und schoss nach vorn. Josi hatte alle Mühe, sich selbst zu halten. Und dazu kam noch der plumpe Benno, der anfing zu schreien wie ein Baby. Die Halle brummte vor Anspannung. Jeder wusste, das lief hier nicht mehr planmäßig. Fire raste auf ein Hindernis zu und – Gott sei Dank – Pferd, Reiterin und das Schreibaby meisterten den Sprung. Draußen in der Natur hätte Josi Fire laufen und laufen lassen. Aber hier musste sie schneller reagieren. Fire preschte durch die Halle, Benno quiekte mittlerweile wie ein kleines Schweinchen.
Gefühlte tausend Zitterminuten dauerte es, bis der temperamentvolle Hengst sich so nach und nach beruhigte. Josi brachte ihn tatsächlich zum Stehen. Sie hatte Unmenschliches geleistet und war über sich hinausgewachsen. Benno rutschte vom Pferd, seine Knie zitterten und er sackte zusammen. Alle sahen es. Big Benno war zu einem Häufchen Elend geworden.

Josi aber wurde gefeiert, Beifall brandete auf.
„Was habt ihr nur gemacht?“, warf sie Franzi vorwurfsvoll zu.
„Wir? Nichts! Ein Scheinwerfer ist geplatzt!“
Schlagartig war Josi alles klar. Der Plan hatte sich verselbstständigt und … er hatte funktioniert.
Auch Maren atmete auf und nahm die Mädchen erleichtert in den Arm.
„Das ist Josi, unsere Josi … und ihre Freundin Franzi!“, jubelte sie ins Mikro.
Die Halle tobte. Besser hatte es nicht laufen können: Ein zufriedenes Publikum, ein blamierter Benno und endlich in Zukunft Ruhe vor ihm und seinen idiotischen Freunden.

Fragen zur Geschichte

Versuche die folgenden Fragen zu beantworten. Wenn du die richtigen Antwortbuchstaben auf einem Blatt notierst, bekommst du das Lösungswort.

1. Warum regen sich Josi und Franzi über die Glasscherben auf?

C Wegen der Rücksichtslosigkeit der Jungen, die zu Verletzungen bei den Pferden führen kann.

H Weil viel Flaschenpfand verloren gegangen ist.

W Weil sie vom Funkeln des Glases geblendet werden.

I Weil sie nach ihrem Höllenritt gestresst sind.

2. Was bringt den Hengst Fire zur Explosion?

R Glasscherben

O ein lauter Knall

B schlechte Reiter

S ein langweiliges Reitfest

3. Wie verhält sich Benno, als Fire explodiert?

D wie ein Held

E wie immer

Z wie ein cooler Junge

O wie ein Schreibaby

4. **Warum geben die Mädchen die „Manege frei für Mr Cool"?**

A Sie möchten mit ihm und seinen Freunden feiern.

T Die Mädchen bewundern ihn.

L Sie wollen ihn enttarnen und zeigen, dass er ein Maulheld ist.

X Josi und Franzi möchten Benno das Reiten beibringen.

Das Lösungswort findest du auf Seite 124.

Wortknobelei

Welche Wörter gibt es wirklich? Schau im Duden oder in einem Online-Wörterbuch nach, wenn du dir nicht sicher bist. Kombiniere die Buchstaben, die bei den richtigen Begriffen in Klammern stehen, und schon hast du das Lösungswort.

REIT

-lehrerin (E)

-fenster (G)

-allergie (O)

-bahn (F)

-kunst (R)

-fuchs (A)

-hose (I)

-erkeit (P)

Die Lösung findest du auf Seite 125.

Lösungshilfe:

Gesucht wird der Name eines besonderen Pferdes, das Big Benno zu einem Häufchen Elend schrumpfen lässt.

Kreatives Schreiben

Stell dir vor, Josi und Benno treffen einen Tag nach dem Reitfest aufeinander. Schreibe ihre Unterhaltung auf.

Wenn du Lust dazu hast, dann sende deinen Text an das Autorenpaar Kalle und Nicki Herges,
E-Mail: hergeshamburg-stories@web.de
Du erhältst auf jeden Fall eine Antwort. Viel Spaß!

Wissenswertes übers Reiten

Reiten bedeutet die Fortbewegung auf einem Tier, genauer auf seinem Rücken. Zuerst denken wir dabei natürlich an Pferde, es gibt aber noch viele weitere Reittiere. Esel, Dromedare, Kamele und Maultiere werden geritten, ebenso Strauße und Bullen.
Die letzten beiden Tiere aber nur als Attraktion für Touristen oder beim Rodeo. Und hast du schon einmal etwas von einem Elefanten-Führerschein gehört? Den gibt es tatsächlich. Das Reiten auf Elefanten kann man bei den Mahouts, den Profi-Elefantenführern, erlernen. Nach 14 Tagen täglichem Training vom Auflegen des Sattels über das Baden von Elefanten bis zum Stapeln von Baumstämmen kann man stolzer

Besitzer eines Elefanten-Führerscheins werden. Das Thema Reiten hat also wirklich Interessantes zu bieten. Ich werde

mich bei meinen Ausführungen auf das Reiten von Pferden beschränken. Du wirst sehen, hier gibt es viel zu berichten.
Mithilfe der Stimme und des Zaumzeugs sowie durch Gewichtsverlagerung und Schenkeldruck kann man Pferde gut kontrollieren und reiten. Das ist jedenfalls in der Theorie so. In der Praxis braucht man so seine Zeit, um echte Kontrolle über das Pferd zu erlangen. Schritt, Trab und Galopp sind die Gangarten, die es zu meistern gilt. Und wie in der Geschichte „Manege frei für Mr Cool" kann einem ungeübten Reiter dabei schon angst und bange werden. In Deutschland gibt es über eineinhalb Millionen geübte Reiterinnen und Reiter. Für sie „liegt das Glück der Erde auf dem

Rücken der Pferde“. Dieses Sprichwort sagt aus, dass Reiten glücklich macht. Das gilt ganz allgemein und für einige insbesondere dann, wenn auch noch Erfolg im Pferdesport hinzukommt.
Besonders erfolgreiche Pferde und ihre Reiterin oder ihren Reiter möchte ich euch kurz vorstellen: Eines der erfolgreichsten Dressurpferde war „Rembrandt“. 1988 und 1992 siegte Rembrandt mit seiner Reiterin Nicole Uphoff sowohl im Einzel- als auch im Mannschaftswettbewerb der Olympischen Spiele, dazu kamen drei Weltmeister- und vier Europameistertitel. Noch mehr Siege feierte der Wallach „Gigolo FRH“. Er gewann viermal Gold und zweimal Silber bei Olympia sowie vier Welt- und acht Europameistertitel. Das brachte dem Pferd viele Streicheleinheiten ein, der Reiterin Isabell Werth Ruhm und dem Besitzer viel Geld. Noch mehr gibt es jedoch beim Springreiten zu

verdienen. Das sehr erfolgreiche Springpferd „Deister“ nannte man deshalb auch „Springender Geldschrank“. Es verdiente Preisgelder in Höhe von rund 700 000 Euro und wurde unter seinem Reiter Paul Schockemöhle weltberühmt. Obwohl andere Pferde wesentlich mehr einbrachten – der Hengst „Goldfever“ zum Beispiel 2,8 Millionen Euro –, faszinierte Deister, da er beim Springen seine Hinterbeine zur Seite schwenkte, um die Stangen nicht abzustreifen. Ein weiteres Springpferd muss hier noch erwähnt werden: die Stute „Halla“. Sie gewann mit ihrem Reiter Hans Günter Winkler dreimal Gold bei Olympia und insgesamt 125 Springen. Legendär wurde Halla aber durch ihren Ritt bei den Olympischen Spielen 1956 in Stockholm. Winkler hatte sich einen Muskelriss zugezogen, doch Halla überwand auch ohne seine Unterstützung alle Hindernisse. Die „Wunderstute“ trug ihren Reiter, der sich nur mit Mühe im Sattel hielt, und dessen Mannschaft zu olympischem Gold. Wegen dieser außergewöhnlichen Leistung hat die Deutsche Reiterliche Vereinigung, bei der alle Turnierpferde angemeldet werden, den Namen Halla für immer gesperrt. Halla soll für immer und ewig einzigartig bleiben.

Und nun nach Japan ... zu einem auf etwas andere Art einzigartigen Pferd. „Haruurara“, zu Deutsch „sanfter Frühling“, ist das erfolgloseste Rennpferd der Welt. Es hat über 100 Rennen hintereinander verloren, ist aber gerade deshalb in seiner Heimat und darüber hinaus ein Star. Warum, fragt man sich. Weil die Stute immer alles gibt und vor allem nie aufgibt! Sie hat mittlerweile Kultstatus. Ihre Schweifhaare werden zu Glücksbringern verarbeitet und T-Shirts mit ihrem Bild und dem Schriftzug „Never give up“ (Gib niemals auf!) sind ein Verkaufsschlager.
Zum Abschluss möchte ich euch noch ein paar Rekorde zum Thema Reiten nennen, die mich beeindrucken. Pferde galoppieren im Durchschnitt

zwischen 40 und 50 Kilometer pro Stunde. Der Geschwindigkeitsrekord durch „Big Racket“ liegt aber bei 69,9 Kilometern pro Stunde. Der höchste Sprung eines Pferdes bisher ging über 2,47 Meter und der weiteste über 8,30 Meter. Den längsten Ritt schreibt man dem Schweizer Lehrer Aimé Félix Tschiffely zu. Er ritt nach seiner Auswanderung nach Argentinien mit zwei Pferden von Buenos Aires bis Washington. Das sind über 16 000 Kilometer, für die Tschiffely 504 Tage brauchte. Und ganz zum Schluss etwas Verrücktes, das man nur noch im weitesten Sinne zum Reiten zählen kann. 1856 sprang James Robinson 23 Salti hintereinander auf dem Rücken eines Pferdes.
Zu Recht galt er damals als „der größte Reiter, der jemals lebte“. Diesen Ehrentitel wird ihm so schnell wohl niemand streitig machen.

Mit Luke durchs Feuer

Es passiert nachts, oft mitten in der Nacht. Und wenn Luke nicht gewesen wäre, wäre für mich nie wieder etwas passiert, von dem ich berichten könnte. „Wer ist Luke?“, fragt ihr euch zu Recht. Luke ist mein Hund, mein bester Freund und Lebensretter. Ich bin Nikolas und weiß eins genau: Irgendwann bin ich ein Feuerwehrmann und Luke ist immer dabei.

Es war eine unruhige Herbstnacht. Der Wind pfiff um die Häuser und Regen prasselte auf die Dächer. Eine innere Unruhe hatte mich lange wach gehalten und Luke erging es ebenso. Immer wieder verließ er sein Körbchen, legte seine Schnauze auf die Bettkante und beruhigte sich erst, wenn ich ihn streichelte. Mit einer Art Seufzer ließ er sich an meiner Bettseite nieder

oder ging zurück auf seinen eigentlichen Schlafplatz. Wie oft das passierte, zählte ich nicht, doch irgendwann fand ich mich in einem brandgefährlichen Traum wieder.

Wilder Westen:

Goldsucher Nikolas, von allen nur Lucky Nik gerufen, da er schon den einen oder anderen Goldklumpen gefunden hat, fährt mit seinem Planwagen durch die Prärie. Er ist allein, weit und breit kein Mensch. Lucky Nik sieht jedenfalls niemanden. Er ahnt nicht, was ihm unmittelbar bevorsteht. Und Lucky fühlt sich sicher, er hat keine Angst. Denn neben ihm auf dem Kutscherbock kauert Luke, sein treuer, tapferer Hund, sein einziger Gefährte.

„Yeah Luke, lange keine Rothäute mehr gesehen."

Luke hebt seinen Kopf, als würde er verstehen.

„Hast auch keine Lust auf 'nen Besuch?"

„Huuuiiih!", jault Luke, was nichts anderes als Nein bedeuten kann.

„Noch drei Meilen, dann suchen wir uns ein schönes Plätzchen, 'nen richtig guten Lagerplatz."

Luke streckt die Schnauze nach oben. Er scheint die Luft einzusaugen, spannt sich wie ein Langbogen und heult los wie ein Wolf. Das kann nur eins bedeuten ... unangemeldeter Besuch. Lucky schaut zurück.

Richtig, eine Staubwolke, die schnell näher kommt. Unerwartet, ungebeten wie immer: Indianer! Und wie immer sind sie scharf auf seinen Skalp. Wohin nur? Mit einem Planwagen kann man sich nicht verstecken. Und mit einem Planwagen ist man nicht gerade der Schnellste. Aber was bleibt ihm übrig. Weg, nur weg, das ist das, was jetzt zählt. Lucky feuert seine Pferde an, Luke knurrt und fletscht die Zähne. Schon ist es zu hören, das gefürchtete Indianergeheul, in dem schon die Sicherheit des nahen Sieges mitschwingt.
Ein einzelner Wagen, ein einzelner Mann und ein einzelner Hund gegen eine Horde Indianer, da kann man sich ausrechnen, wie das ausgeht.
Zisch! Zisch! Und noch einmal Zisch! Brandpfeile!
Oh nein! Es muss einen Treffer gegeben haben,

mindestens einen. Lucky Nik spürt die Flammen hinter sich, die Hitze, die Angst überall, die lodernde Angst. Was ist mit Luke? Feuer macht ihn immer ganz verrückt. Lucky weiß nicht, um wen er mehr Angst hat, um sich selbst oder um seinen Gefährten. Krawumm! Die brennende Plane hat den Aufbau zum Einsturz gebracht. Das kann nicht gut gehen. Ihnen wird der Wagen unter dem Hinterteil wegbrennen. Die Plane muss runter vom Wagen. Die brennende Plane? Wie soll das gehen? Die Indianer sind in Schussweite. Lucky feuert, was sein Colt hergibt. Und was macht Luke? Er ist nach hinten gesprungen. Unglaublich! Luke scheint wirklich zu verstehen. Er versucht tatsächlich, die Plane vom Wagen zu ziehen. Die brennende Plane! Wahnsinn!

„Nein, Luke!“, brülle ich und ... Was ist das?

Luke steht laut bellend vor mir, schnappt nach meiner Bettdecke und ich ... ich bin in meinem Bett. Rauch ist im Zimmer, strömt durch die Türritze. Das ist kein Traum, das ist die Wirklichkeit. Ich bin hellwach. Meine Eltern! Ihr Schlafzimmer ist gegenüber.

Ich öffne die Tür. „Was?“, grummelt meine Ma verschlafen, doch durch Lukes Gebell schnellen sie und Pa von ihrem Bett auf. Pa will sofort nach unten stürmen, aber der Fluchtweg ist abgeschnitten.

Ma hat blitzschnell ihr Handy zur Hand.
„Feuer! Feuer!“, brüllt sie hinein. „Beisenweg 10!“
Pa ist zurück. „Da ist kein Durchkommen! Schnell in Nikolas’ Zimmer!“ Gesagt, getan! Hier ist noch am wenigsten Rauch. Doch auch der wird immer dichter. Endlich! Die Sirene der Feuerwehr. Es wird immer gefährlicher. Die Flammen lecken schon an meiner Zimmertür.
„Rumms! Klirr!“
Mein Fenster … ein Mann mit gelbem Helm, schwarzem Schutzanzug – ein Feuerwehrmann. Jetzt geht alles schnell, ganz schnell wie die Feuerwehr. Erst ich, dann Ma, dann Pa … und er hat Luke auf dem Arm. Luke, ohne den wir hoffnungslos verloren gewesen wären.

Fragen zur Geschichte

Versuche die folgenden Fragen zu beantworten. Wenn du die richtigen Antwortbuchstaben auf einem Blatt notierst, bekommst du das Lösungswort.

1. Warum wird Nikolas „Lucky Nik", also glücklicher Nik, gerufen?

W Er hat den Überfall der Indianer überlebt.

A Nikolas hat einen tollen Hund.

P Er hat viele Freunde.

H Nik hat Gold gefunden.

---

2. Worauf haben es die Indianer in Nikolas' Traum abgesehen?

S auf den Planwagen

B auf seinen Hund Luke

U auf Nikolas' Skalp

X auf das Feuerwehrauto

---

3. Wie heißt es weiter? Schnell wie ...

F die Indianer

N die Feuerwehr

Z ein Windhund

G ein Steppenbrand

---

4. Welchen Berufswunsch hat Nikolas?

D Feuerwehrmann

E Hundetrainer

K Tierarzt

T Traumdeuter

Das Lösungswort findest du auf Seite 126.

Wortknobelei

Welche Wörter gibt es wirklich? Schau im Duden oder in einem Online-Wörterbuch nach, wenn du dir nicht sicher bist. Kombiniere die Buchstaben, die bei den richtigen Begriffen in Klammern stehen, und schon hast du das Lösungswort.

FEUER

-land (L)

-bär (D)

-abend (G)

-pause (U)

-teufel (K)

-stunde (C)

-wasser (E)

-laune (A)

Die Lösung findest du auf Seite 127.

Lösungshilfe:

Gesucht wird der Name von Nikolas' bestem Freund.

Kreatives Schreiben

Schreibe Nikolas' Traum zu Ende.

Wenn du Lust dazu hast, dann sende deinen Text an das Autorenpaar Kalle und Nicki Herges,
E-Mail: hergeshamburg-stories@web.de
Du erhältst auf jeden Fall eine Antwort. Viel Spaß!

Wissenswertes über die Feuerwehr

In der Geschichte „Mit Luke durchs Feuer“ wird die Familie durch ihren Hund Luke gerettet. Denn Luke macht sie auf den Brand aufmerksam, und so können die eigentlichen Retter, die Feuerwehrleute, alarmiert werden. Doch welche Nummer muss man wählen, um schnellstmöglich Hilfe zu erhalten? Du kennst sie hoffentlich, die 112. Das ist die Notrufnummer nicht nur für Deutschland. Unter der 112 erreicht man seit Dezember 2008 in jedem Mitgliedsland der Europäischen Union die Rettungskräfte. Im Folgenden möchte ich dich unter anderem über die Aufgaben der Feuerwehr und über spektakuläre Brände informieren. Retten, löschen, bergen, schützen – so fasst man

weltweit die Aufgaben der Feuerwehr zusammen. Sie hilft also bei Bränden, Überschwemmungen, Unfällen und in allen Situationen, bei denen Menschen, Tiere Gebäude oder Dinge gerettet oder beschützt werden müssen. Der Feuerwehrmann

und die Feuerwehrfrau kümmern sich sowohl um das kleine Kätzchen, das sich in die Kanalisation verirrt hat, als auch um brennende Straßenzüge oder lodernde Fabriken mit explosiven Stoffen. Du hast sicherlich schon einmal in den Zeitungen oder sonstigen Medien etwas davon mitbekommen. Es wird zum Beispiel darüber berichtet, dass ein Pferd aus dem Morast gezogen, Personen aus einem Pkw befreit oder aus brennenden Wohnungen gerettet wurden. In

Deutschland stehen uns für diese Rettungsaktionen über 25 000 Feuerwehren zur Verfügung. In diesen engagieren sich über 1 300 000 Feuerwehrmänner und -frauen, die allermeisten in Freiwilligen Feuerwehren, also ohne Bezahlung. Wenn man weiß, dass nur in der Hauptstadt Berlin in der Silvesternacht durchschnittlich 1 500 Einsätze erforderlich sind, kann man froh über jeden sein, der sich als Retter oder Retterin für andere einsetzt.

Seit dem Mittelalter gibt es die Pflicht für Städte und Gemeinden, sich um den Brandschutz zu kümmern. Der erste „Feuermelder“ war damals der Nachtwächter oder die Turmwache. Mit dem Ruf „Feurio!“ warnten sie die Bewohner. Einfache Mittel wie Wassereimer wurden benutzt, um die Feuer zu stoppen. In den meisten Fällen war das natürlich vergebens. Die Häuser aus Holz, die dicht gedrängt innerhalb der Stadtmauern standen, boten den Flammen beste Voraussetzungen, sich auszubreiten. So geschahen spektakuläre Großbrände, von denen ich einige nennen möchte. 1666 wurden beim großen Brand von London 13 000 Häuser und 87 Kirchen zerstört. Gott sei Dank waren aber nur 9 Tote zu beklagen. In New York traf es dagegen 1776 ungefähr 1 000 Häuser und 500 Personen. Der große Brand von Hamburg vernichtete 1842 über ein Viertel der Stadt und in Chicago gab es 1871 bis zu 300 Todesopfer und 17 000 abgebrannte Gebäude. Da halfen auch neuere Entwicklungen wie der Feuerwehrschlauch (ab dem 17. Jahrhundert) nicht. Bis zu Beginn des 20. Jahrhunderts verwendete man noch Handpumpen, die auch als Feuerspritzen bekannt sind. Der technische Fortschritt eröffnete den Feuerwehren nach und nach ganz andere Möglichkeiten, brachte aber auch Risiken mit sich. Ein Beispiel hierfür ist der Brand der „Hindenburg“, eines Luftfahrtschiffs, das auch Zeppelin genannt wurde. Es verbrannte am 6. Mai 1937 bei der Landung in Lakehurst in den USA. 36 Menschen überlebten das Feuerinferno nicht.

1977 schlug in ein Militärlager in Dannenwalde (Deutschland) der Blitz ein. Dort waren Raketen gelagert, von denen mindestens 1 000 zündeten. Sie schlugen im Umkreis von 20 Kilometern ein und es waren 70 Opfer zu beklagen. Hier konnte die Feuerwehr selbstverständlich nur noch nachträglich eingreifen und die Ausbreitung der Feuer verhindern. Stadtbrände, wie sie in früheren Jahren vorkamen, sind seltener geworden. Fabriken ohne ausreichende Schutz- und Sicherheitsvorkehrungen werden aber recht häufig ein Raub der Flammen. 2012 brannte in Karatschi (Pakistan) eine Textilfabrik. Bei dieser Katastrophe starben an die 290 Menschen. Weitere Gefahren wie Flughafen- oder Tunnelbrände oder auch Brände von Bohrinseln sind die Herausforderungen unserer Zeit für die Feuerwehr. Wenn zum Beispiel eine Bohrinsel brennt, wie 1988 die Piper Alpha – bis heute das schwerste Unglück dieser Art mit 167 Toten –, dann müssen Spezialkräfte eingreifen. Die Aufgaben der Feuerwehr sind vielfältig und im wahrsten Sinne des Wortes „brandgefährlich“. Umso ehrenhafter ist es, dass Männer und Frauen für uns ihr Leben aufs Spiel setzen.

Lösungen

„Der Rettungswolf" (Seite 5)

Fragen zur Geschichte

1. Das Wort „Rettungswolf" besteht aus zwei Teilen, die sich beißen. Was passt nicht so richtig?

W Bei einem Wolf denken die meisten Menschen nicht an Rettung, sondern an Gefahr.

---

2. Warum hat der Autor dem Klassenlehrer wohl den Namen „Lups" gegeben?

O Lups ist eine Kurzform von Lupus. Lupus kommt aus dem Lateinischen und heißt Wolf. Deshalb passt dieser Name gut zur Geschichte.

---

3. Es glitzert in Frau Jansens Augen. Warum?

L Sie hat Schmerzen und ist enttäuscht, weil für sie die Wanderung zu Ende ist.

---

4. Wem gehört das funkelnde Augenpaar, das für Jola die Rettung bedeutet?

F einem Wolf

Lösungswort: WOLF

Wortknobelei

Welche Wörter gibt es wirklich?

Rettungsring (L)
Rettungsstaffel (U)
Rettungssanitäter (P)
Rettungsweste (U)
Rettungsinsel (S)

Lösungswort: LUPUS

„Gekämpft wie ein Löwe“ (Seite 21)

Fragen zur Geschichte

1. Zu welcher Rasse gehört Black?

L Er ist ein Labrador.

---

2. Warum hat Mattis' Ma ihm verboten, alleine an den Strand zu gehen?

Ö Ein Kinderschreck treibt sich dort herum.

---

3. Wo fühlt sich Black am wohlsten?

W im Wasser

---

4. Wer kämpft wie ein Löwe?

E Black

Lösungswort: LÖWE

Wortknobelei

Welche Wörter gibt es wirklich?

Löwenzahn	(B)
Partylöwen	(L)
Löwenmut	(A)
Löwenanteil	(C)
Löwenmähne	(K)

Lösungswort: BLACK

„Schwanenkampf … bis einer blutet“

(Seite 35)

Fragen zur Geschichte

1. Cornelius ist ein

M Segler

2. Was gibt es nach der Schule zu Mittag?

A Spaghetti à la Mama

3. Wobei geht Cornelius k. o.?

M beim Segeln

4. Warum kommt es zum „Schwanenkampf“?

A Das Segelboot war zu nahe an ein Schwanennest herangekommen. Die Mutter wollte ihre Jungen verteidigen.

Lösungswort: MAMA

Wortknobelei

Welche Wörter gibt es wirklich?

Dreikampf (K)
Boxkampf (N)
Klassenkampf (O)
Zweikampf (C)
Hahnenkampf (K)
Titelkampf (O)
Rückkampf (U)
Zehnkampf (T)

Lösungswort: **KNOCK-OUT**

„Hasenheld“ (Seite 47)

Fragen zur Geschichte

1. Wer ist es gewohnt, sich nachts frei in Somayas Zimmer zu bewegen?

H ihr Hase Mümmel

---

2. Wovon träumt Somaya?

E von einem Hasenmonster

---

3. Woran erkennt Somaya, dass ein Einbrecher im Haus ist?

L am Lichtkegel einer Taschenlampe

---

4. Wer schlägt den Einbrecher in die Flucht?

D Mümmel

Lösungswort: HELD

Wortknobelei

Welche Wörter gibt es wirklich?

Wildhase (D)
Schneehase (I)
Feldhase (E)
Angsthase (B)

Lösungswort: DIEB

„Meeresperlen“ (Seite 63)

Fragen zur Geschichte

1. Was hat der Hotelstrand nicht zu bieten?

M Ruhe und Entspannung

---

2. Wer wird in dieser Geschichte „die Räuber der Meere“ genannt?

E Haie

---

3. Wer ist hier mit „Meeresperlen“ gemeint?

E Delfine

---

4. Was soll der Titel ausdrücken?

R Es geht hier um etwas sehr Wertvolles und Kostbares wie die Einzigartigkeit eines Lebewesens.

Lösungswort: MEER

Wortknobelei

Welche Wörter gibt es wirklich?

Faltboot	(P)
Drachenboot	(E)
Motorboot	(R)
Sportboot	(L)
Beiboot	(E)
U-Boot	(N)

Lösungswort: PERLEN

„Manege frei für Mr Cool“ (Seite 79)

Fragen zur Geschichte

1. Warum regen sich Josi und Franzi über die Glasscherben auf?

C Wegen der Rücksichtslosigkeit der Jungen, die zu Verletzungen bei den Pferden führen kann.

2. Was bringt den Hengst Fire zur Explosion?

O ein lauter Knall

3. Wie verhält sich Benno, als Fire explodiert?

O wie ein Schreibaby

4. Warum geben die Mädchen die „Manege frei für Mr Cool“?

L Sie wollen ihn enttarnen und zeigen, dass er ein Maulheld ist.

Lösungswort: COOL

Wortknobelei

Welche Wörter gibt es wirklich?

Reitbahn	(F)
Reithose	(I)
Reitkunst	(R)
Reitlehrerin	(E)

Lösungswort: FIRE

„Mit Luke durchs Feuer“ (Seite 99)

Fragen zur Geschichte

1. Warum wird Nikolas „Lucky Nik“, also glücklicher Nik, gerufen?

H Nik hat Gold gefunden.

---

2. Worauf haben es die Indianer in Nikolas’ Traum abgesehen?

U auf Nikolas’ Skalp

---

3. Wie heißt es weiter? Schnell wie …

N die Feuerwehr

---

4. Welchen Berufswunsch hat Nikolas?

D Feuerwehrmann

Lösungswort: HUND

Wortknobelei

Welche Wörter gibt es wirklich?

Feuerland (L)

Feuerpause (U)

Feuerteufel (K)

Feuerwasser (E)

Lösungswort: LUKE

Weitere Titel der Reihe kurz | gut | silbiert von Kalle und Nicki Herges:

Band 2: Coole Freundschaften

Lesetexte ab Klasse 5

Kurzgeschichten, Sachtexte und Übungen illustriert von Sonja Kurzbach

Hier dreht sich alles um Beziehungen – zu Freunden und zu Tieren.

120 Seiten
Bestell-Nr. 540-31

Band 3: Unglaublich und fabelhaft

Lesetexte ab Klasse 5

Kurzgeschichten, Sachtexte und Übungen illustriert von Benjamin König

Die Geschichten entführen in fremde Länder und in die Welt der Geister und Märchen.

120 Seiten
Bestell-Nr. 540-32